Wir lernen, um unser Leben zu gewinnen.
Nütze den Augenblick!
Was du tust, das tue ganz

Wir lernen, um unser Leben zu gewinnen

Nütze den Augenblick!

Was du tust, das tue ganz

Gabriele

Verlag DAS WORT GmbH

1. Auflage August 2010

Max-Braun-Str. 2, 97828 Marktheidenfeld
Tel. 09391/504-135, Fax 09391/504-133
www.das-wort.com

Druck: Druckerei Santec, Marktheidenfeld

ISBN 978-3-89201-319-8

Dieses Büchlein befasst sich
mit einem Thema, das jeden betrifft:
mit unserem Leben.

Gabriele,
die Prophetin und Botschafterin Gottes
für unsere Zeit,
hat dazu in einer weltweit ausgestrahlten
Fernsehsendung ein Konzept als praktische
Lebenshilfe gegeben -
der Inhalt der Sendung ist im Folgenden
wiedergegeben.

Der Lehrsatz, um sich selbst und sein persönliches Leben kennenzulernen und fruchtbringend anzuwenden, heißt:

> Was du tust, das tue ganz –
> nütze den Augenblick!

Wir Menschen sprechen sehr oft von unserem Leben. Selten fragen wir uns, woraus unser Erdenleben besteht. Die naheliegende Antwort könnte lauten: „Es ist doch logisch, dass unser Erdenleben aus Augenblicken, Sekunden, Minuten, Stunden, Tagen, Monaten und Jahren besteht!“ Doch haben wir uns schon Gedanken gemacht, inwieweit wir eigentlich unser Erdenleben kennen und nützen und

ob wir in den Augenblicken unseres Erdenlebens „bei uns selbst" sind?
Wir möchten die Frage wiederholen, weil sie wichtig ist für unser Erdenleben: Sind wir – jeder Einzelne – in den unzähligen Augenblicken des Tages, in den Sekunden, Minuten und Stunden bei uns selbst? – Es lohnt sich, darüber nachzudenken, wie wir gleich hören werden.

Denken wir einige Augenblicke über uns nach.

Die Wissenschaft hat die Menschheit gelehrt, dass alles Energie ist und dass keine Energie verloren geht. Die Wissenschaft hat unter anderem auch herausgefunden, dass auch Gedanken Energien sind, die man sichtbar machen kann. Was die Wissenschaft uns übermittelt, das hat der Geist Gottes aus Seinem ewigen Gesetz, dem universalen Leben, uns Menschen immer und immer wieder nahegebracht durch Seine Sprachrohre, die Er Propheten und Prophetinnen nennt. Seit über 35 Jahren lehrt der Christus-Gottes-Geist durch Sein Sprechinstrument in allen Details, was Leben bedeutet.

Der universale Christus-Gottes-Geist lehrte und lehrt uns, dass schon Gefühle und Empfindungen Energien sind und dass sie den Menschen prägen. Was also der Mensch fühlt, empfindet, denkt, spricht und tut, damit ist er gezeichnet, gleich geprägt. Mit den Wertigkeiten unseres Fühlens, Empfindens, Denkens, Sprechens und Handelns sind die Inhalte gemeint, also das, was der Einzelne in diese seine Verhaltensweisen hineinlegt – das, was also hinter dem steht, wie er sich gibt.

Wir Menschen bräuchten keine Instrumente, um z.B. die Energien unserer Gedanken sichtbar werden zu lassen, denn: Wir selbst, jeder Einzelne von uns, ist das Instrument; er ist ein Klangkörper, der aus den Inhalten, dem Gehalt seiner Verhaltensweisen besteht. Wir, also jeder Einzelne von uns, ist mit einem Computer zu vergleichen, der die Inhalte dessen, was er fühlt, empfindet, denkt, spricht und tut, also seiner Verhaltensweisen, speichert. Was er speichert, das sendet er seinerseits aus. Und was der Mensch aussendet, das kommt auch wieder auf ihn zurück. Der Input und der Output, die Ein- und Ausgänge des Computers „Mensch", ergeben dann seine Körperprägung. Unsere Körperprägung ist unser instrumentaler Klangkörper. So, wie wir unseren Klangkörper, uns, den Menschen, eingestimmt haben, ist unser Verhalten gegenüber uns selbst, gegenüber unseren Mitmenschen, gegenüber den Tieren, der Natur, dem gesamten Erdplaneten. Wir, jeder einzelne Mensch, bringen als Klangkörper unsere entsprechenden Klänge zum Ausdruck.

Somit wird auch unser Erdenleben von uns geprägt – von der Summe der Energien, die wir gespeichert haben und die wir aussenden.

Wir denken und denken, wir denken ununterbrochen, außer wir schlafen, und dann ist auch nicht sicher, wo wir z.B. in unseren Träumen sind und was wir dort tun. Wir denken, wir reden, wir arbeiten, wir haben unsere Freizeit, die wir auch als „Auszeit“ bezeichnen. Unsere Freizeit füllen wir mit Sport, Wellness, Spaziergängen, gehen unseren Hobbys nach und vieles mehr. Doch wo sind dabei unsere Gedanken? Wo befinden wir uns eigentlich bei Gesprächen? Sind wir bei uns, jeder bei sich, oder sind wir in Wahrheit ganz woanders?

„Welch sonderbare Fragen“, meint so mancher Zuschauer. „Ich weiß doch, wo ich bin und wer ich bin!“ – Wissen wir es wirklich? Wo sind wir wirklich? Wir alle kennen das Prinzip Senden und Empfangen. Jeder Mensch ist somit ein Sender und Empfänger. Wir senden das aus, was wir wirklich denken: die *Inhalte* unserer Gedanken und Worte. Die Frage „wo sind wir?“ ist dann berechtigt, wenn wir an das Prinzip Senden und Empfangen glauben.

Wohin also senden wir unsere Gedanken? Wohin senden wir, was in unseren Worten, in unseren Gesprächen verborgen ist? Was wir auch tun, fragen wir uns: Sind wir tatsächlich bei dem, was wir augenblicklich ausführen?

Merken wir uns: Wir sind dort, wo die Inhalte unserer Gedanken sind.

Auch in Gesprächen ziehen die Inhalte unserer Worte zu jenen Orten, Menschen und Situationen, die wir damit ansenden. Das bedeutet: Unsere Körperenergien weichen von uns. Wir verlieren Energie. Wir sind wohl mit unserem Körper „hier“; er ist anwesend – in Wirklichkeit ist unser Bewusstsein jedoch ganz woanders.

Wir sind bewusstseinsmäßig dort, wohin wir denken, z.B. an Menschen, an Situationen, an die Freizeit, an Sport, Urlaub usw. Dorthin gehen unsere Energien – *dort sind* wir! Die Hülle Mensch steht hier,

doch das Bewusstsein, das den jeweiligen Menschen ausmacht, ist ganz woanders! Wo? Weiß das jeder von uns?
Wo sind wir mit unseren Gedanken, wenn wir bei der Arbeit sind oder beim Autofahren oder im Haushalt tätig oder in unserer Freizeit? Wohin also senden wir unsere wertvollen Körperenergien, um nicht zu sagen: Wohin verschwenden wir sie? Und wer fängt sie auf und strahlt sie wieder zurück – und das mit den gleichen Inhalten, die wir zuvor ausgesendet haben?

Z.B. haben wir Stress oder sind hektisch. Wie heißen die Inhalte unserer Gedanken und Worte, die wir dabei aussenden? Wo ist unser Bewusstsein? Dort befinden wir uns auch, wenn unser Körper, wie wir sagen „hier“, also gegenwärtig ist. Oder wir ärgern uns über unseren Nachbarn oder über den Arbeitskollegen, den Freund, die Freundin. Was denken wir? *Dort* ist unser Bewusstsein; dort sind wir. Wir sind bewusstseinsmäßig immer dort, wo unsere Gefühle, Empfindungen und Gedanken sind. Wir können sagen: Wir sind körperlich wohl hier, also anwesend, in Wirklichkeit befinden wir uns mit den Inhalten unserer Gefühle, Empfindungen, Gedanken und Worte fern von uns, also in der Ferne.

Fragen an uns: Wo sind wir, wenn wir unser Tagespensum, unsere Arbeit verrichten?
Wo sind wir, wenn wir Büroarbeiten ausführen? Wo sind wir, wenn wir Arbeitsgespräche führen? Wo befinden wir uns, wenn wir die Hausarbeit verrichten, die es ja jeden Tag zu erledigen gilt? Wo sind wir, wenn wir mit unseren Kindern unterwegs sind?
Es gibt viele Variationen der Zerstreutheit und der Gedankenflucht. Wo befindet sich z.B. der kranke Mensch mit den Inhalten seiner Gefühle, seiner Empfindungen und seiner Gedanken – eventuell bei seiner Krankheit, beim Arzt, bei seinen Medikamenten, bei den verordneten Therapien –, ist er währenddessen bei sich selbst?

Ein anderer Wald von Gedanken bezieht sich auf Freizeit; da sind die Wünsche nach Ablenkung, eventuell durch Sport, die Möglichkeiten der Wellness, um schlanker zu werden bzw. schlank zu bleiben, und vieles mehr. Wer sich durch Arbeitsstress ausgepowert hat, der flüchtet unter Umständen in die vielfältig angebotenen Meditationen, um die Nerven zu beruhigen, sich zu entspannen, körperlich zu stabilisieren, um die notwendige Spannkraft wieder zu erlangen, damit die Anforderungen des Alltags bewältigt werden können.

Der Klangkörper Mensch, der mit seinen Gedanken, ja mit seinem gesamten Verhalten da und dort ist, also selten bei sich selbst, nennt dies sein „Leben". Das Menschenleben kann als „Tradition" bezeichnet werden, gewohnheitsmäßige Abläufe, zu denen Stress, Streit, Neid, Überheblichkeit, Feindschaft, Freizeit, Erholung und eventuell Meditation gehören. Es ist, kurz gesagt, der Alltagstrott. Diese vielen, sich selbst auferlegten Missklänge nennt man dann unter anderem auch „Bewältigung des Alltagspensums" – das sogenannte „Leben" vieler Menschen.

Den meisten Menschen ist nicht bewusst, dass sie durch ihr ständiges Fern-Sein mit ihrer Denk-, Rede- und Handlungsweise, also mit ihrem gesamten Verhalten, viel, viel unnötige Körperenergie abgeben, gleich vergeuden. Viele Menschen, um nicht zu sagen die meisten Menschen, sind nicht bei sich selbst, sondern mit ihren Gedanken unterwegs. Sie sind dort, wohin sie gerade denken. Dort laden sie einen Teil ihrer Körperenergien ab. Auf diese Weise wird der Körper immer schwächer. Die Folgen daraus sind unkontrolliertes Arbeiten, Fehlentscheidungen am Arbeitsplatz, wodurch missliche Situationen entstehen, die unter Umständen weiteres Ungemach nach sich ziehen können wie z.B. den Verlust des Arbeitsplatzes oder Unpässlichkeit, gar Krankheit.

Wir Menschen müssten lernen, umzudenken in Richtung Selbstfindung, also sich selbst zu finden, bei sich zu sein, um ihrem persönlichen Leben die entscheidende Sinnerfüllung zu geben. Wir sollten lernen, zum selbsterfüllten Leben zu finden, das kreativ ist. Wir sollten lernen, bei uns selbst anzukommen, um Vitalität zu erlangen – doch nicht, indem wir jeden Morgen zu meditieren versuchen, um uns sodann in die Fluten des Tages zu stürzen. Wir müssen lernen, unser Erdenleben in die Hand zu nehmen, uns also in unserem Leben selbst zu finden, um diesem eine Wertigkeit zu geben, indem wir Selbst-Bewusstsein erlangen. So kann unser Dasein eine Sinnerfüllung gewinnen, die unseren individuellen Anlagen und Fähigkeiten entspricht. Dann werden wir auch unser Leben mehr und mehr achten.

Lernen wir also die Wachsamkeit und die Achtsamkeit über uns selbst, und das jeden Tag! Lernen wir, uns selbst zu finden, aus unseren eigenen Gedankenwurzeln, aus unseren eigenen Fähigkeiten wieder kreativ, gleich schöpferisch, zu werden! Üben wir, um unseren Tag aus Werten zu speisen, die unserer inneren Substanz entsprechen. Wahrer Lebensgewinn heißt, den Tag zu nützen, ganz bei uns zu sein, bei unseren Gefühlen, Empfindungen, bei unseren Gedanken und Worten. Lebensgewinn heißt also: Was du tust, das tue ganz – nütze den Augenblick!

Was ich tue, dabei bin ich mit all meinen Kräften. Was ich erkenne und für gut befinde, daraus schöpfe ich. Was ich sehe, daraus erweitere ich meinen Horizont und lerne Neues. Üben wir, ganz bei uns zu sein, bei uns selbst zu sein, um aus den Situationen, aus den Augenblicken zu lernen! Das ist schöpferisch, das ist Kreativität, das ist Lebensgewinn.

Lernen wir auch, indem wir uns selbst beobachten, uns selbst, unser Denken und Verhalten in Frage zu stellen. Gestalten wir unser Leben gemäß den guten, also wahren Erkenntnissen, die wir aus den Zehn Geboten Gottes und den Lehren des Jesus von Nazareth gewinnen!

Es sei noch einmal wiederholt, damit sich diese wesentliche Gesetzmäßigkeit, dieser schlichte Satz, tief in uns einprägt:
Was ich, der Mensch, jetzt tue, dabei bin ich.

Arbeite ich auf dem Feld, dann bin ich mit meinen Gedanken bei meiner Feldarbeit. Ich „bin da", also gegenwärtig, bei mir.
Ich bin bei meiner Arbeit, ich bin am Schreibtisch, beim Verkauf, beim Einkauf – ich bin bei mir, ich „bin da"; ich bin gegenwärtig.
Ich fahre das Auto. Meine Gedanken sind bei den verschiedenen Handgriffen im Fahrzeug. Ich bin beim Lenkrad, beim Pedal, beim Schalten – ich bin da; ich bin gegenwärtig.

Am Schreibtisch, am Computer, an der Schreibmaschine, beim Stenogramm – ich bin mit meinen Gedanken bei der Sache. Ich, der Mensch, bin da, bin also gegenwärtig.

Bei Arbeitsgesprächen oder anderweitigem verbalen Austausch – ich bin gegenwärtig; ich bin da. Ich lerne, aufmerksam zuzuhören, denn ich bin mit meinen Gedanken bei dem Gespräch. Daraus schöpfe ich Kreativität. Ich lerne, aus allem das herauszufinden, was der nächste sinnvolle Schritt sein könnte, denn ich bin gegenwärtig – ich bin da.

Ich bin im Augenblick. Was ich auch tue – meine Gedanken sind bei mir, bei dem, was ich tue. Ich bin da; ich erlebe den Augenblick, und was in ihm liegt, wird lebendig.

Ich gehe spazieren – ich bin da, weil meine Gedanken, meine Gefühle, mein gesamtes Verhalten bei mir ist. Dabei erlebe ich mich selbst und die Natur, denn ich bin bei mir. Ich bin da.

In Freizeit und Sport: Meine Gedanken sind bei meinem Körpertraining – ich bin da. Ich erlebe mich, ich spüre mich, weil ich gegenwärtig bin – ich bin da; ich nütze den Augenblick, der mir manches zu sagen vermag.

Beim Lesen eines Briefes, eines Buches, einer Zeitschrift – ich bin dabei, meine Gedanken sind gegenwärtig. Ich bin da. Ich lerne, aus dem Bewusstsein des Briefes, des Buches, der Zeitschrift zu schöpfen, denn Kreativität ist angesagt.

Die Aufmerksamkeit und Achtsamkeit gegenüber uns selbst – dass wir gegenwärtig sind, dass unsere Gedanken, unser ganzes Verhalten bei uns ist – bewirkt einen tiefen, ausgewogenen Atem.

Wieder sprechen wir uns mit dem „ich“ selbst an: Ich atme freier, weil ich tiefer atme. Ich atme in dem Bewusstsein, dass der tiefe Atem das Leben ist. Meine ehemals hektischen Bewegungen harmonisieren sich, weil ich bei mir selbst bin. Ich bin da.

Ich vergesse immer weniger. Ich verlege und verliere immer seltener Gegenstände, denn ich bin gegenwärtig; ich bin bei mir. Ich kann kreativer denken, tiefer fühlen und empfinden. Ich bin gegenwärtig;

ich bin bei mir, ich bin da, bei meinem Leben. Ich lebe den Augenblick, ich lebe die Situation. Ich bin da.
Wollen wir uns auf eine solche, bewusste und gesinnungsvolle Haltung einstellen, so heißt es: üben! Es ist ein Lernprozess. Wir üben, um zu lernen.

Wir müssen also *lernen*, um wieder bei uns selbst anzukommen, um unser Selbst, das unser persönliches Leben ist, zu gewinnen. Dabei befreit sich auch unser Gehirn von allem unnützen Tand, von überflüssigen Gedankensplittern, die wir ausgesendet haben. Unser Gehirn reinigt sich von den Schlacken, die wir aufgrund von Kurzatmigkeit und durch unnützes Ausstreuen von unguten Gefühlen, Gedanken und Worten anzogen. Der tiefe Atem ist Entspannung; aus der Entspannung erwächst Sinnerfüllung und aus der Sinnerfüllung die Kreativität.

Unser Bewusstsein, das, von unserem Gehirn ausgehend, unser gesamtes Verhalten prägt, wirkt sich auch auf die Funktion unseres Nervensystems aus und auf die gesamten Abläufe unseres Körpers. Durch Selbsterfüllung werden wir ruhiger, selbstsicherer. Wir lernen mehr und mehr, gerecht zu wägen und zu messen. Wir lernen, zu hinterfragen, was uns anschwingt, wie z.B. Zwistigkeiten, Unstimmigkeiten, Stress, Neid und Feindschaft, aber auch unser persönliches Verhalten, wie z.B. überschwängliche Freude, unkontrolliertes Essen und Trinken und vieles mehr. Sinnerfülltes Leben heißt, unsere Lebensenergien aufzubauen, unser Seelisches und Physisches in Gleichklang zu bringen.

Je rascher wir das Wesentliche erkennen, je unverzüglicher wir Negatives messen und wägen, um es in Ordnung zu bringen, umso rascher empfangen wir auch positive Energien. Unsere Körperkräfte bauen sich mehr und mehr auf, weil wir bei uns selbst sind. Wir empfangen aus uns selbst, aus unserem Denken, Reden und Tun, Antworten auf Situationen, Gespräche, Briefe, Bücher, auf all das, was uns anschwingt.

In diesem Bewusstsein „Nütze den Augenblick" richtet sich unser Körper immer mehr auf. Unsere Bewegungen werden harmonischer. Ja, unser Leben liegt wahrlich in unserer Hand, in jedem Augenblick, in jeder Sekunde und Minute, Tag für Tag.

In diesem Sinne erhält auch das Wort „Meditation" eine neue Bedeutung: „Meditation" heißt also nicht, sich jeden Morgen hinzusetzen, um zu meditieren und sich dann in den Alltagsstress zu begeben. „Meditation" heißt Achtsamkeit, Wachsamkeit über uns selbst, jeden Tag, jeden Augenblick, also in jeder Situation.

„Meditation" heißt: Was wir tun, das tun wir ganz, jeden Augenblick. Auf den Einzelnen bezogen, bedeutet das: Was du tust, das tue ganz. Sei bei dir mit deinen Gedanken, mit deinen Worten. Sei bei deiner Arbeit. Was du also tust, verrichte alles in dem Bewusstsein, dass dein Leben bei dir ist. Sei also da – sei gegenwärtig! Dann erschließen sich höhere ethisch-moralische Werte, um auch unsere Mitmenschen besser und tiefgreifender zu verstehen.

Ethisch-moralische Werte kommen auch darin zum Ausdruck, wie wir z.B. bei Tisch sitzen, um bedacht und ausgewogen zu sprechen und zu speisen. Dabei sollte unser Anliegen sein: Unsere Gedanken sind bei unserer Nahrungsaufnahme. Wir essen ruhig und konzentriert. Unsere Gedanken sind bei dem Getränk. Wir trinken. Wir sind gegenwärtig. So, wie unser Atem ruhiger und tiefer geht, so speisen wir auch: ruhig, bewusst, besonnen, also konzentriert. Wir kauen gut; wir trinken schluckweise. Wir sind da, also gegenwärtig. Schweifen wir doch einmal ab, dann holen wir uns alsbald zurück. Wir merken uns den Grund und sind nun wieder bei und in uns.

Wir bejahen unser Leben und fühlen uns in unser Erdendasein hinein, indem wir uns über Weiteres Gedanken machen. Z.B.: Mein Erdendasein ist zu meinem Leben geworden. Mein Leben ist Sinnerfüllung, mein Leben ist kreativ. Ich lebe in mir; ich lebe für meine Mitmenschen. Ich lebe für den Erdplaneten, denn schöpferisch tätig zu sein, also kreativ zu sein, heißt mehr und mehr das Leben zu gewinnen. Wahres Leben ist gut.

Der Tag ist erfüllt; der Abend hat seinen Gewinn, der Tag klingt darin aus. Gehe ich schlafen, dann gehe ich bewusst schlafen – meine Gedanken sind bei meinem Schlaf. Am Morgen heißt es für mich: Ich erwache. Meine Gedanken sind bei mir, beim Aufstehen, bei der Toilette. Ich bin da, weil meine Gedanken bei mir sind.
Nach dem Frühstück, bei dem ich gegenwärtig bin, richte ich mich auf meinen Tag aus, in dem Bewusstsein: Sei achtsam, nütze den Augenblick! Ich nütze

den Augenblick. Ich weiß: Er trägt in sich Zeitgewinn. Ich verliere keine Zeit. Ich habe gelernt: Ich bin nicht da und dort; ich bin bei mir, bei meiner Arbeit, bei meiner Tätigkeit, bei allem, was ich tue.
Ich bin auch bewusst in meinen Mußestunden, bei Freizeit und Sport.
Ich lerne, mich zu verstehen, letztlich, um für meine Mitmenschen ein positiver Faktor zu sein.
Meine Gedanken sind bei meinem Tagespensum.
Ich bin da, auch für meinen Nächsten. Ich wünsche ihm von Herzen alles Gute und bin bemüht, mit dazu beizutragen.

Wir kommen noch einmal zur Meditation zurück. Denn man hört immer wieder: „Ich meditiere, um meinen Alltagsstress abzubauen. Meditation bringt Ruhe und Ausrichtung, Meditation hilft, ein klein wenig Abstand zu gewinnen vom Alltagsstress, von unguten Tagessituationen und Ereignissen." So kann man es sehen.

Doch es stellt sich immer wieder die Frage: Wie lange hält die Wirkung einer solchen Meditation an? Oftmals wird Meditation zum Zwangsmeditieren, um sich mit allen gut eingegebenen Kräften zurückzunehmen, um Ruhe und Entspannung zu erlangen. Doch der wahre Gewinn heißt: Was du tust, das tue ganz – lebe den Augenblick! Daraus erwächst Lebenserfüllung.

Achtsamkeit im Leben heißt, Kreativität zu gewinnen. Es gibt keine Altersgrenze, um zu lernen, zu üben, um das Leben zu gewinnen. Das ist ganzheitlicher Lebensgewinn. Lebensgewinn heißt, ruhiger, besonnener, wachsamer und kreativer zu leben. Dabei sind wir bewusst und zielorientiert im Augenblick, in der Situation, und erfüllen unser Arbeitspensum in der vorgegebenen Zeit. Lebensgewinn heißt auch unter anderem, Einblick in das Leben zu gewinnen. Daraus ergibt sich der Weitblick. Weitblick, kreativ genutzt, hilft, Einheit und Frieden zu schaffen.

Leben heißt also: Gewinne das Leben, indem du bist und dich aus deiner augenblicklichen Situation heraus veränderst, zum positiven, universalen Menschen, der die schöpferische Gegenwart erschließt.

Fortgeschrittener Lebensgewinn heißt, mit der Zeit Einblick in die Situationen des Tages zu erlangen, Einblick in Gespräche, die in der Tiefe erfasst werden können, um daraus Weiterführendes zu schöpfen. Einblick in die Worte unserer Mitmenschen schafft Einblick in das Gute, das sich aufbauen möchte, denn es ist das universale Leben.

Ein Merksatz für uns:

Gott ist gut – universal ist göttlich.

Gewinnen wir also die innerste Kraft in unserer Seele, dann sind wir gestärkte, ausgerichtete Menschen, die sich nicht in ein meditatives Zwangskorsett flüchten müssen, um in die Ruhe zu kommen. Wer lernt, gewinnt.

Unser Merksatz: Gewinne das Leben! Der Lebensgewinn ist harmonisches, ausgewogenes, friedfertiges, glückliches Leben. Um das zu erlangen, heißt es: Üben und üben! Denn nur durch Lernen und Üben erlangen wir universale Kreativität, die höhere Ethik und Moral ist. Wir lernen und üben und erleben, dass jeder Augenblick, jede Sekunde, jede Minute, alle unsere Tage kostbar sind.

Deshalb noch einmal, zu jedem von uns gesprochen:
Was du tust, das tue ganz – nütze den Augenblick. Sei bei dir! Denn jeder Augenblick ist kostbares Leben. Es gehört zu deiner Sinnerfüllung, zu deiner Kreativität. Du schöpfst sie aus deinem wahren Selbst. Der Lebensgewinn liegt also im Augenblick, in den Sekunden, in den Minuten, in den Stunden, in den Tagen, Monaten und Jahren.

Unser Lebensgewinn heißt: Lebe den Augenblick!

Lesen Sie auch ...

Geborgenheit

Ein wunderbarer Begleiter im Alltag, mit Mut machenden Texten aus der göttlichen Weisheit, gegeben von Gabriele.

120 S., geb., Format 7,5 x 10,5 cm
Best.-Nr. S 379. ISBN 978-3-89201-276-4
Euro 8,50

Zuversicht

Ausgewählte Texte von Gabriele. Finden Sie den Weg, Hoffnung und Zuversicht in sich selbst zu erschließen.

144 S., geb., Format 7,5 x 10,5 cm
Best.-Nr. S 393. ISBN 978-3-89201-311-2.
Euro 8,50

Rosen der Liebe

Rosen der Liebe strahlen Ihnen den Zauber des friedvollen Landes zu. Ganzseitige Bilder von Rosen und Rosenlandschaften, mit innigen Worten der Weisheit und Liebe von Gabriele. Finden auch Sie Rosen der Liebe - und geben Sie sie weiter! Ein Geschenk für die Seele.

48 S., geb., Format 21 x 21 cm
Best.-Nr. S 385. ISBN 978-3-89201-279-5
Euro 17,80

Die Neue Zeit, ein höheres Bewusstsein?

Lass dich führen!

Tue nichts Böses, dann widerfährt dir nichts Böses!

Gabriele schildert, wie sie an der Hand ihrer Mutter die ersten Schritte ins Leben tat – und regt damit den Leser an, über die Weichenstellung in seiner eigenen Kindheit nachzudenken. Welche Werte wurden uns vermittelt, welche Werte geben wir an unsere Kinder weiter? Kinder erfahren heutzutage kaum noch das traute Heim der Familie – viele sind einfach sich selbst überlassen. An welchen Vorbildern können sie sich orientieren? Wer trägt die Verantwortung für die heutigen Missstände in der Welt, für die immer größer werdende Kluft zwischen Arm und Reich?

80 S., kart., Best.-Nr. S 397. ISBN 978-3-89201-314-3. Euro 8,00

Viel, viel Leben

Wir sind nur Gast auf Erden Älter werden oder alt sein?

„War das etwa alles?" Das fragen sich viele Menschen, besonders in fortgeschrittenem Alter. Aber auch junge Menschen bewegt mitunter bereits die Frage: „Wie kann ich mit meinem Dasein etwas Sinnvolles anfangen?" Vom bloßen Dasein zu einem erfüllten Leben, das auch für andere ein Gewinn ist - das ist der Schritt, den uns Gabriele in diesem Buch aufzeigt.

96 S., kart., Best.-Nr. S 375. ISBN 978-3-89201-203-0. Euro 7,80

Auch als Hörbuch: 2 CDs, Best.-Nr. D 805
ISBN 978-3-89201-215-3. Euro 9,80

Gabriele

Das Neue Zeitalter des Christus Gottes

Die Bergpredigt ist lebbar!
Die Bergpredigt ist lebbar!
Die Bergpredigt ist lebbar!

„So kann es nicht weitergehen!" Das denken immer mehr Menschen - und es geht auch tatsächlich nicht mehr so weiter, denn die Erde gebietet dem plündernden Volk, das die Erde aussaugt und die Tiere auf das Grausamste quält, Einhalt. Aus der Neuen Zeit steigt das Neue Zeitalter empor – ein neuer Himmel und eine neue Erde.
Jene Menschen, die in den vergangenen Jahrhunderten die Bergpredigt – die Lehre für eine friedvolle Zeit – in die Welt bringen wollten, beispielsweise die Bogumilen, die Waldenser, die Katharer und Albigenser, die Täufer, Mennoniten und die Adventisten, wurden stets von den institutionellen Kirchen bekämpft und zum Teil ausgemerzt. Wäre die Bergpredigt gelehrt und gelebt worden, so hätten wir heute eine andere, friedvollere Welt, eine ethisch-moralische Welt, eine Zeit, in der sich Menschen friedlich begegnen. Doch der Geist der Bergpredigt, der erlösende und befreiende Geist, der Christus Gottes, gibt nicht auf. Erneut ruft Christus in die Welt: Die Bergpredigt ist lebbar! Sein Wort gilt! Die Bergpredigt ist ein Himmelsgeschenk. Es ist das Gesetz des Reiches Gottes der Liebe – für eine Zeit des Friedens, der Versöhnung, der Ehrlichkeit, der Aufrichtigkeit, der Gerechtigkeit, der himmlischen Hoheitsprinzipien für eine neue Welt: Anstand, Benehmen, Ethik, Moral und Stil.
Dieses Buch gibt den Inhalt einer Serie von Radio- und Fernsehsendungen wieder.
160 S., geb., Euro 18,00. Best.-Nr. S 396. ISBN 978-3-89201-312-9.